AF282050

# LA FRONTERA

CHARO RUANO

# La frontera

Diputación de Salamanca
2023

Ediciones Diputación de Salamanca
Serie Autores Salmantinos, Nº 108


1ª edición: 1993
© Amarú Ediciones

2ª Edición: 2023
© Diputación de Salamanca

© Charo Ruano




DIPUTACIÓN DE SALAMANCA
e-mail: ediciones@lasalina.es
http://www.lasalina.es

Cubierta: Aida Rubio




I.S.B.N.: 978-84-7797-746-9
DL S 512-2023

*Imprime:* Nueva Graficesa

*Siempre, siempre existe ese gran resplandor de cristal y ese alto suspenso.*
*Siempre existe ese ruido de grandes corrientes. Y a veces es domingo, y, por*
*las tuberías de las habitaciones, desde las fosas atlánticas, con ese sabor de lo*
*increado, sube como un aliento de otro mundo,*

    *Un perfume de abismo y de nada entre los mohos de la tierra...*

Saint John Perse

*Si convocara a los vientos para engañarlos.*
*Si soñara*
*que poseo un mundo que no limita con la tierra*
*sino con los vientos,*
*que tengo una bandera en la luz y un reino de alas*
*Si convocara a los vientos*
*para coger sus llaves y ocultarme.*
*Pero los vientos*
*entraron en la mañana*
*cuando me rondaba el sueño*
*y rompí a soñar abrazado a ellos...*

Adonis

**La Frontera es un reino**
de sombras apagadas
fragor de armas secretas
y rutilante luz

Esperanzas, silencio
llantos entrecortados
y amores a destiempo
que siempre acaban mal

La Frontera es el reino
de la melancolía
es la tierra de nadie
aún por habitar
Paraíso soñado
que a menudo es infierno

¿Dónde está el otro lado?

**Es esta una ciudad**
De amaneceres blancos
Y de estrechas esquinas
Alquiladas al alba
Por borrachos sin nombre

En esa hora distinta
de luz desdibujada
cuando mueren cansados
los que sobrevivieron
una última noche

camino por las calles
buscando una mirada
o quizá la ternura
o la complicidad
del solitario que busca
una taberna abierta

**La soledad es**
si cabe más terrible
cuando ataca de día
con el sol en lo alto
mientras los demás ríen
 y viven y se aman

Tú
Fantasma asombrado
de lo que ayer fue un sueño
resistes sus envites

Te doblega, te quiebra
quieres abandonar

Y no sabes por qué
cuando llega la noche
y se instala el silencio
das por definitiva la soledad
en todas las ventanas

**La Frontera es mi hogar**
el único que tengo
vivir siempre en el filo
de la espada y los sueños,
alimentando vidas distintas

Aquí nos encontramos
¿Recuerdas?

Solo por eso
mereció la pena
acercarse a La Frontera

**Llegaron de mañana**
con el frío en los huesos
temerosos y cautos
Querían cruzar

Tenían al otro lado
toda la ilusión
Aquí ya no les quedaba nada
¿Nada?
Nada

Una mujer, dos hijos
Y toda la tristeza
¿Qué son
enfrentados a la "Gran esperanza"?

**Aquí en La Frontera**
También viven canallas
Y son muy poderosos

**La mujer tenía aspecto**
de haber llorado mucho
sus ojeras apenas
podían ser más profundas

Llevaba de la mano
una niña pequeña
y un gran bolso
donde seguramente
trasladaba su casa

Y era joven, muy joven
apenas treinta años
que solo le habían dado
unas horas de amor
y tanto sufrimiento

La niña se aferraba
a una muñeca vieja
despeinada y oscura
y cantaba feliz
una canción sin nombre

Ellas no cruzarían
habitantes eternas
de este lugar terrible
llamado La Frontera

**Te he buscado en la noche**
en los pliegues del sueño
en la pálida luna
que ilumina mi alcoba

He cerrado los ojos
con tanta, tanta fuerza
que he sentido correr
por mis venas el miedo

Un espeso y oscuro sabor
que se pega a los labios
Negro beso

Te he buscado esta noche
porque quiero abrazarte
y temo que no estés

**Solo recordaba**
una casa oscura y triste
el frío, siempre el frío
y una llanto monótono y cansado
que acunaba sus sueños

¿Qué vida era aquella
tan lejana?

Hoy, algunas noches
cuando vuelve agotado
en el metro invadido
le acuna el mismo llanto
monocorde y cansado
sólo que en otro idioma

**Aquí, en La Frontera**
cuando llega la tarde
con sus tonos rojizos
el silencio es el único
que se atreve a salir

## Ayer llegó el amor
a La Frontera

Fueron tantas horas
caminando juntos
que al final
sus labios se buscaron
afanosos

Recuperaron el deseo
mientras se amaban
descubriendo un cuerpo diferente
que respondía, sabio
a las caricias

Inventaron quizás
una mentira
para ser más felices
y costó deshacer el abrazo

Por un minuto
esto fue el paraíso
Pero el amor es frágil
Y a los dos los esperaban
Al otro lado

**Serás solo un fantasma**
vagando en penumbra
de la casa vacía
donde habita un silencio
eternamente cómplice

Serás solo la sombra
la voz inacabada
el abrazo sin cuerpo
en un amor oscuro
que se quiebra y resiste

Serás solo un murmullo
Entre llantos y pájaros
Desolada quietud
En parajes inhóspitos
Que no nos pertenecen

Será la destrucción
de lo que más amamos
Y habrá una ceremonia
Sé que será de muerte

**Cruzamos una noche**
de invierno y pesadilla
fue fácil
una línea invisible
Y nada cambio

Pandora abrió la caja
Y repartió los miedos

### Sucedió en otro tiempo

Llegaron unos hombres
y levantaron muros
y cerraron el aire
el camino, la vida

Aquí solo queríamos
un poco más de luz
y ni eso nos dejaron

El mar se convirtió
en todo el horizonte
y nadamos, nadamos
hasta acabar exhaustos

Después…

Construimos las casas
inventamos caminos
Algunos se dejaron la vida
en todo esto

Sucedió en otro tiempo

Te lo cuento esta noche
desesperada, inútil
por no haber conseguido
ni ese poco de luz
que llevamos pidiendo
siglo tras siglo
aquí, en La Frontera

**Es posible morir**
sin estremecerse
sin cambiar de cara
de piel, de calzado

Extender las manos
Y morir
Al intentar alcanzarte

# Te escribo desde el otro lado

Amor, ahora es de noche

Aquí todos tienen
la piel desconocida
y prisa, siempre prisa
por llegar
más arriba, más alto

Yo también tengo prisa
por tenerte a mi lado
y perderme en tu pecho
como la última noche
allá en La Frontera

Un rumor de caderas
merodea mis sueños
y palabras extrañas
que entiendo sólo a medias
y que a veces me asustan

Amor, si pudieras
cruzar de madrugada
una noche sin luna
sin estrellas, sin viento
y venir a mi lado
Si pudieras…

Qué más puedo decirte
Que te quiero y te quiero
Ahí en La Frontera
donde esperas el sueño
hazme un sitio a tu lado
Por si puedo escapar

**Una muerte**
fría
blanca
solitaria

Una muerte
en el camino
apenas dibujada

Una muerte
soledad inabordable
caricia
paz
nada

Una muerte
accidente
insomnio
herida
no cicatrizada

Llevas la muerte en ti
como un estigma
una muerte pequeña
distante

fría
blanca
solitaria

**Hoy la noche será**
blanca y azul
navegaremos en sus aguas frías
aplazando suicidios imposibles
y amenazas eternas de partir

Y en algún rincón
de esa noche
única, quizá perdida
guiados por un instinto
primitivo y simple
nos encontraremos

**Algunas noches**
aquí en La Frontera
hacemos una fiesta
¿Te atreves a venir?

Bailamos con la luna
hechizados y libres
conjurando los miedos
desafiando presagios
invocando al amor

Nos saltamos las reglas
contamos los secretos
reímos con los mitos
atrayentes y oscuros
que alguien nos inventó

Y ya de madrugada
con resaca y tristeza
abrazados al aire
con el último orgasmo
saludamos al sol

¿Te atreves a venir?

**Por qué me lo preguntas**
si lo sabes

Yo vine de una tierra
sin nombre pronunciable
en tu lengua

Reseca y dolorida
que se vengaba en mí
de todas las afrentas
que siglos de silencio
de conquistas, de miedo
le habían infligido

¿Huir?
Dices ¿huir?

Nunca quise cruzar
por eso con el tiempo
y unos ojos
que descubrí mirándome
me quede en La Frontera

**Aquí, en La Frontera**
la melancolía
llega siempre
al anochecer
con los fantasmas

## Soledad
piedra oscura
que adormece silencios
sembrando en sus esquinas
inciertas fantasías
metáforas crueles
de un tiempo que se escapa

Soledad
sueño antiguo
lengua de fuego y nieve
que abrasa los insomnios
reduciendo a cenizas
la esperanza, el murmullo
de dos cuerpos amándose

**Del otro lado**
está la noche
quieta, sosegada

Aquí, después de instalar
a los que llegaron esta tarde
descansamos
                    inquietos
¡Y es la misma noche!

En la oscuridad
unas manos se acercan
se saben de memoria
mi cuerpo y mi dolor

Sus labios me susurran
que la noche es hermosa
que los recién llegados
duermen…

Y que podemos amarnos
hasta el amanecer

Ser uno con la noche
aquí, en La Frontera
es fácil
si no tienes que huir

¿Hacia qué noche
huiríamos nosotros?

**Nada está tan poblado**
como una soledad
como un desierto

Mil oscuras razones
que navegan perdidas
entre el cielo y la tierra
llenando cada hueco

Y un silencio viscoso
cubriendo por entero
kilómetros de vida
como único elemento

**Sé que el dolor**
será terrible
cuando llegue

Cuando lo sienta
batir las alas
en torno a mí
Romper cristales
saltar sonrisas
pegarse a la piel
para aniquilarme

No podré escapar
No quiero escapar

Aquí, en La Frontera
Sabemos del dolor

**Espero tu abrazo**
impaciente, feliz
Confúndete conmigo

Por una vez
Por un momento
Ser uno

Y volar

Perderse

Y no regresar nunca

## Llegué a La Frontera
huyendo del silencio
que se instaló en mi vida

Intento olvidar la agresión
el daño que me hicieron
el dolor y la rabia
la angustia de este cuerpo
que se volvió enemigo
y dejó de ser mío

Pero nunca
les perdonaré el miedo

El miedo
que sembraron con violencia
en mi piel sin dejar huecos
y que se ha pegado a mí
indestructible, sereno

El miedo
Que paraliza mis manos
Mi amor, mi vida, mis gestos
Que llena de niebla el sol
Y de sombras el misterio

El miedo
pasos furtivos
noches a medias
secretos

El miedo
manos que esconden
cartas, cuchillos
el miedo...

El miedo
segunda piel
que vive junto a mi cuerpo
que a ellos les hace más fuertes
y a mí me hunde sin remedio

Seguiré aquí en La Frontera
justo al límite del tiempo

¡Qué inútil
sobrevivir al aire
sin luz y si deseos!

**Un poco más libre**
un poco más fuerte
un poco más mía
Destierro la muerte
de mi pensamiento
y cojo tu mano
y cruzo
        ¿Me entiendes?

No busco otra cosa
que el amor
sin prisa, sin llanto
que llene mis huecos
que albergue y aliente
mi única esperanza
Un sueño distinto
Y después
        La muerte

**La primavera es**
un sueño inalcanzable
aquí en La Frontera
queda poca esperanza

Sin embargo
siempre llega el verano

**Cuando llega la noche**
cierras los ojos fuerte, fuerte
Y llega el miedo

Te envuelve toda
Como una piel
De regreso

¿Cuánto miedo
cabe en las entrañas?

¿Cuánto miedo hace falta
para cerrar las bocas
paralizar las manos
esconder los ojos
Para quedarse inmóvil?

Cuánto miedo
Para emprender la huida
campo a través
noche a través
vida a través

**Después de la tormenta**
el silencio
la paz
la calma
Lágrimas
        lágrimas
           lágrimas

Horas de dolor
de angustia, de rabia
Horas, horas, días
Después de la batalla
de la espera
de la lucha a solas
el vacío…
        La nada

Después de la cólera
del odio
sin rencor
      la calma

Sin dudas
sin reproches
la sed saciada

Infinita quietud
sin palabras
sin amor
sin nada
      Calma

**Algunos habitantes de La Frontera**
son nómadas
peregrinan siempre
en busca de horizontes
que se alejen

Las estaciones son su refugio
su último hogar

**Y fue la noche tan larga**
y tan extraño el desierto
tres mil fortificaciones
impasibles persiguiendo
suspiros, gemidos, risas
un rastro de arena y viento

Una luz desdibujada
de luna, estrellas y miedo
Atemorizando al alba
mil sombras en el desierto

La luz, yo quiero la luz
¿Dónde en este cautiverio
La luz, la luz, la luz
Nunca la de este universo

**El alba**
es la hora de la muerte

Después de una noche
de insomnio
con el miedo
como único dueño
de tus manos
Amanece

No se ven a lo lejos
sombras desafiantes
Sabes que están ahí
acechando

Dejas el refugio
y te adentras
en lo desconocido
un paso en falso
y caerán sobre ti

Como cada amanecer
se teñirán de llanto
las esperanzas
aquí en La Frontera

**Ahora sabes porqué**
Me escapé a La Frontera

Aunque aquí hay miserables
que compran el silencio
y perdonan la vida

Aunque esto es el desierto…
A menudo es mejor
que la arena te ciegue
y alimente tu ira

**Probablemente nada**
probablemente nadie
probablemente tierra
probablemente el aire
probablemente un beso
probablemente tú
sin decir adiós
            te irás
Probablemente el cielo
se llenará de signos
probablemente solos
probablemente hundidos
Probablemente un día
volvamos a encontrarnos
probablemente nunca
podré olvidar

Probablemente nada
probablemente nadie
esperará mi vuelta
preparando el paisaje

Ni flores ni esperanza
ni ventanas abiertas

Probablemente nunca
Podré volar

# ÍNDICE